DDR Kochbuch

- Rezepte mit Ostalgie -

M. Ikels & S. Szaller

Impressum

©2019 Ostprodukte-Versand OPV GmbH, Autoren: Marlon Ikels, Sarah Szaller
Selbstverlag: Ostprodukte-Versand OPV GmbH, Langer Weg 5, 39576 Stendal
Druck und Bindung: Best Preis Printing ug. & Co. KG
Gestaltung: grafix-mediendesign.de

Bildmaterial: ©AniHobel/iStock.com, ©dirkr/iStock.com, ©glazok/iStock.com, ©-lvinst-/iStock.com,
©martinturzak/iStock.com, ©milanfoto/iStock.com, ©Mizina/iStock.com, ©Tuned_In/iStock.com,
©ExQuisine/fotolia.com, ©lilechka75/fotolia.com, ©kab-vision/fotolia.com,
©exclusive-design/fotolia.com, ©ArtCookStudio/fotolia.com, ©Heike Rau/fotolia.com,
©tycoon101/fotolia.com, ©zoryanchik/fotolia.com, ©Kitty/fotolia.com, ©oksix/fotolia.com,
©jeepbabes/fotolia.com, ©alfredbeifotolia/fotolia.com, ©Studio7192/fotolia.com,
©Daorson/fotolia.com, ©photocrew/fotolia.com, ©juefraphoto/fotolia.com, ©Kitty/fotolia.com,
©ovbelov1972/fotolia.com, ©tunedin/fotolia.com, ©st-fotograf/fotolia.com, ©creative studio/fotolia.com,
©dolphy_tv/fotolia.com, ©superfood/fotolia.com, ©lena_zajchikova/fotolia.com, ©StefanieB./fotolia.com,
©Alfred Nesswetha/fotolia.com, ©Michaela Brandl/fotolia.com, ©rainbow33/fotolia.com,
©detailblick-foto/fotolia.com, ©auremar/fotolia.com, ©contrastwerkstatt/fotolia.com.
Alle Rechte verbleiben bei den Autoren.

Made in Germany
2. Auflage 2023

ISBN 978-3-00-056024-8

Inhalt

Suppen & Eintöpfe

Inhalt

Inhalt

Inhalt

Desserts und Gebäck

Kulinarische

DDR-

Zeitreise

Am 3. Oktober feiern wir den Tag der Deutschen Einheit. Zeit für ein bisschen kulinarische (N)ostalgie – denn 40 Jahre DDR sind auch was das Essen betrifft nicht spurlos an den Deutschen vorbeigegangen. In der Zeit zwischen der Teilung und der Wiedervereinigung Deutschlands entwickelten sich in den heutigen neuen Bundesländern komplett eigene und schmackhafte DDR-Gerichte. Die DDR war damals auf Importgüter aus dem Ausland angewiesen, die sie oft nur gegen erwirtschaftete Devisen in Fremdwährungen erhalten konnte. Daraus resultierte, dass es bestimmte Dinge gar nicht oder nur selten zu kaufen gab und die Esskultur durch Lebensmittelmarken bestimmt war.

Bananen oder Kaffee beispielsweise entwickelten sich zeitweise oder gänzlich zu Luxusartikeln und wurden dementsprechend oft lukrativ unter den Ladentheken als sog. „Bück-dich-Ware" weiterverkauft oder getauscht. Schon die ersten Jahre der DDR waren geprägt von Selbstversorgung aus Garten und Landwirtschaft. Die Angebote in den Regalen stellten die verordnete „Grundversorgung" dar, boten aber wenig Abwechslung und schon gar keine Exotik. Obst und Südfrüchte waren Mangelware. Folglich wurden Äpfel, Erdbeeren und Pfirsiche einfach selbst gezogen.

Traditionelle und regionale Zutaten spielten bei den Gerichten der DDR Küche daher eine wichtige Rolle. Nicht selten wurde den „Versorgungsengpässen" mit entsprechenden Werbe-

slogans für gerade reichlich vorhandene Waren entgegengesteuert und es wurde versucht, Ersatzprodukte an den Mann zu bringen, die in der Bevölkerung der DDR allerdings oft auf Ablehnung stießen und verhöhnt wurden.

Aber auch wenn – oder gerade weil so viel knapp war in der Deutschen Demokratischen Republik, entwickelten die Menschen vor allem eines: Einfallsreichtum und Improvisationstalent. Man verstand es mit den Produkten zu arbeiten, die eben zur Verfügung standen und wenn es eine Zutat nicht gab, dann wurde sie kurzer Hand imitiert – ganz nach dem Motto: Man schlägt sich einfach alle kulinarischen Flausen aus dem Kopf und macht das Beste aus dem real existierenden Angebot. So wurde aus Ragout Fin mit Kalbfleisch ein Würzfleisch mit Schweinefleisch. Kuchen wurde nicht gebacken, sondern schnell geschichtet. Während das Jägerschnitzel nach DDR-Art rein gar nichts mit Pilzen zu tun hatte, hieß der Hot-Dog Ketwurst und hinter einer Grilletta versteckte sich ein Hamburger. Berühmtheit erlangt hat auch die Hühner-Züchtung Broiler, welcher das uns bekannte „Wienerwald-Hähnchen" ersetzte. Obendrein wurde die traditionelle Hausmannskost auch durch Reisen in andere sozialistische Länder Osteuropas um Gerichte wie Bortschtsch, Soljanka und Letscho bereichert.

Über die Jahre hinweg entwickelte sich in der DDR so eine ganz eigene kulinarische Kultur, die bis heute zahlreiche

Liebhaber hat und die wir keineswegs missen möchten. Die Einfachheit, Regionalität, Saisonalität und Bodenständigkeit, welche diese Küche geprägt hat, liegt heute zudem wieder voll im Trend und passt optimal zu einer ausgewogenen Ernährungsweise.

Genießen Sie die überraschende Vielfalt dieser praktischen und traditionellen Küche mit den besten Rezepten aus den Rubriken Suppen & Eintöpfe, Fleisch- und Geflügelgerichte, Fischgerichte, Vegetarische Gerichte, Desserts & Gebäck.

Guten Appetit!

Kulinarisches DDR-Lexikon

Bemme .... Bezeichnung für Butterbrot

Borschtsch .... Russischer Eintopf aus Fleisch, Suppengemüse, Weißkohl, Roter Bete, der mit einem Klacks saurer Sahne verfeinert wird.

Broiler .... Bezeichnung für „Brathähnchen"

Bückware .... Ware, nach der sich der Verkäufer „bücken" musste. Damit werden Waren bezeichnet, die nicht öffentlich ausgelegt wurden und „unter dem Ladentisch" gelagert wurden.

Bullette .... Ausdruck für die gute, alte Frikadelle

Cubasine .... Ungeliebte Orangen importiert aus Kuba, die sich nur schwer pellen ließen und deren Fruchfleisch faserig war.

Club Cola .... Eine in der DDR hergestellte Cola, wird auch heute noch verkauft, wurde ursprünglich entwickelt, um ein den westlichen Vorbildern ähnelndes Cola-Getränk zu haben.

Eierteigwaren .... Bezeichnung für Nudeln

Feinfrostwaren .... Bezeichung für Tiefkühlkost

Fettbemme .... Brot mit Schmalz

Fettigkeit .... Bezeichnung für Öle und Fette zum Braten

Kulinarisches DDR-Lexikon

Feuertanz .... Beliebter Rotwein aus Bulgarien

Filinchen.................. Kalorienreduziertes Waffelbrot. Auch heute noch erhältlich.

Fruchtstielbonbon.... Ausdruck für Lutscher

Geschabtes .... Bezeichnung für Hackfleisch

Grilletta .... Bezeichnung für den Hamburger (Brötchen mit Bulette)

Halloren-Kugeln .... Pralinen aus Deutschlands ältester Schokoladenfabrik mit heller und dunkler Hälfte. Gibt es auch heute wieder.

Jägerschnitzel .... Panierte Jagdwurstscheibe (kein Schnitzel mit Pilzen!)

Kalter Hund .... Süßspeise, die aus in Kakao-Kokosfett-Creme aufgeschichteten Butterkeksen besteht. Keks-Schichten werden in Kastenform nacheinander ausgelegt und anschließend jeweils mit Kakaocreme bestrichen. Wird auch Lukullus, Keks-Kuchen und Zebra-Torte genannt.

Kathi .... Beliebte Fertigbackmischungen und Kuchenböden, auch heute noch erfolgreich.

Kettwurst .... Bezeichnung für ein Imbissgericht, mit Hot-Dog vergleichbar.

Knusperflocken........ Schokoladen-Knäckebrot-Flocken, die auch heute noch sehr beliebt sind.

Kulinarisches DDR-Lexikon

Konsum .... Eine genossenschaftlich organisierte
Lebensmittelkette

Krusta .... DDR-Version/Gegenstück der Pizza mit eher
dunklem, bzw. mischbrotartigem Teig. Auch Beläge
unterschieden sich von Pizza; beliebte Variationen
waren z.B.: Geflügel-Krusta, mit Hühnerfleisch und
Gemüse belegt, die Spreewald-Krusta, belegt mit
einer Mischung aus Sauerkraut, Hackfleisch und
saurer Sahne oder die Teufels-Krusta, belegt mit
scharf gewürztem Fleisch und mit Käse überbacken.

Letscho .... Ungarisches Gericht aus Gemüsepaprika, Tomaten
und Zwiebeln. Beliebte Beilage zu Fleischgerichten,
wird auch häufig als Fertigprodukt aus der Dose
verwendet.

Pfeffi .... Eckige und erfrischende Pfefferminzbonbons in
Stangenform, auch heute noch erhältlich.

Plinsen .... Bezeichnung für Eierkuchen

Puffmais .... Bezeichnung für Popcorn

Schlager Süßtafel .... Ersatzprodukt für Schokolade, die aus Devisenmangel
mit immer geringeren Kakaogehalten oder sogar ohne
Kakao hergestellt wurde. Schokoladen mit klassischer
Rezeptur konnten damals nur in Delikat-Geschäften
erstanden werden.

Kulinarisches DDR-Lexikon

Soljanka .... Russischer Eintopf aus Fleisch und Gemüse sowie sauren Gurken; wird mit saurer Sahne gebunden. Standard-Vorspeise in der DDR Gastronomie, da sich damit Reste hervorragend verwerten ließen.

Stangeneis .... „Eis am Stiel"

Tempolinsen .... Vorbehandelte Linsen, die man nicht mehr einweichen musste.

Tote Oma .... Traditionelles Gericht aus Grützwurst, Sauerkraut und Kartoffeln

Wurzelwerk .... Bezeichnung für Suppengemüse, vor allem bestehend aus Sellerie, Möhren, Lauch, Kohlrabi und Petersilie.

Würzfleisch .... Ein Gericht ähnlich dem westlichen Ragout Fin, aber überwiegend aus Hühnerfleisch und mit Worcestersauce, die im Handel nur als Bückware erhältlich war.

Ostprodukte-Versand –
dein Onlineshop für DDR Rezepte

Hier gibt es die Zutaten für viele Rezepte –
reinschauen, bestellen, loslegen. Wir bieten eine riesige
Auswahl an Original-Ostprodukten.

Notizen

Notizen

Suppen
&
Eintöpfe

Wenn es mal ganz schnell gehen soll,
hier schon fertig kaufen:

Soljanka

2	Zwiebeln
100 g	Schinken oder Speck
300 g	Fleisch, fertig gegart oder Wurst
	(z.B. Fleischwurst, Salami, Bockwurst)
4	kleine Salzgurken
1/2	Zitrone
2	Zehen Knoblauch
100 g	Tomatenmark
1 EL	Paprikapulver, edelsüß
1,5 l	Fleischbrühe
1	große Paprikaschote rot
1	Lorbeerblatt
1 EL	Kapern
1/8 l	Saure Sahne
	Salz & Pfeffer
	evtl. Pfeffer- und Pimentkörner

1. Zwiebeln schälen und klein schneiden, Speck würfeln.
2. Fleisch oder Wurst in Stücke und Gurke in Scheiben schneiden.
3. Paprikaschote entkernen und in feine Streifen schneiden.
4. In einem Topf Schinken oder Speck auslassen, Zwiebelwürfel goldgelb rösten. Dann Fleisch bzw. Wurst, Gurke und Paprika zugeben und mitbraten.
5. Tomatenmark, Paprikapulver und zerdrückten Knoblauch dazugeben und alles zusammen dünsten.
6. Brühe mit Lorbeerblatt in Topfinhalt gießen und 5-10 Minuten kochen lassen (evtl. Pfefferkörner und Pimentkörner zugeben und mitkochen). Mit Salz und Pfeffer abschmecken.
7. Soljanka in Schüssel gießen, mit Kapern bestreuen und die in Scheiben geschnittene Zitrone darauflegen. Kurz vor dem Servieren die saure Sahne hineingießen.

Scharfe Sauerkrautsuppe

Zutaten für vier Personen

375 g	Schweinefleisch
400 g	Sauerkraut (aus der Dose)
1	Zwiebel
3 EL	Öl
1 EL	Mehl
2 TL	Paprikapulver, edelsüß
3/4 l	Brühe
4	Pfefferkörner
2	Cabanossi-Würstchen
	Salz & Pfeffer

1. Schweinefleisch in kleine Stücke schneiden.
2. Zwiebel schälen und klein hacken. Sauerkraut grob zerpflücken.
3. Zerkleinerte Zwiebeln und Fleisch in heißem Öl anbraten, Mehl und Paprikapulver darüber streuen und alles gut verrühren. Sauerkraut, Brühe und Pfefferkörner hinzufügen.
4. Suppe 40 Minuten bei mittlerer Hitze kochen. Kurz vor Ablauf der Zeit Cabanossi-Würstchen dazugeben und erwärmen.
5. Salz, Pfeffer und Paprikapulver nun nach Belieben hinzugeben, Würstchen anschließend aus der Suppe nehmen und in Scheiben schneiden.
6. Zerkleinerte Cabanossi-Würstchen zum Servieren wieder in Suppe geben und auf 4 Suppenschüsseln aufteilen. Ein Löffel Creme fraîche je Portion und ofenwarmes Weißbrot passen gut dazu.

Hier Zutaten kaufen:

Borschtsch

Zutaten für vier Personen

400 g	Rote Beete
500 g	Suppenfleisch
200 g	Suppengrün
1	Zwiebel
200 g	Weißkraut
1 EL	Essig
1 EL	Zucker
2 EL	Tomatenmark
	Salz & Pfeffer
1/8 l	Saure Sahne

1. Suppenfleisch mit 2 Liter kaltem Wasser aufkochen, Brühe abschäumen und auf kleiner Flamme köcheln lassen.
2. Rote Beete schälen und in Stäbchen schneiden.
3. Suppengrün putzen, waschen und in kleine Stücke schneiden. Zwiebel schälen und klein schneiden. Weißkraut putzen und hobeln.
4. Suppengrün, Zwiebel und Rote Bete in Brühe halb gar dünsten. Dann Weißkraut, Essig und Zucker hinzufügen, etwas Brühe aufgießen, Tomatenmark dazugeben und alles fertig garen. Salz und Pfeffer nach Belieben hinzufügen.
5. Fleisch in mundgerechte Stücke schneiden und zur Brühe geben.
6. Suppe zum Schluss noch einmal kurz aufkochen und mit einem Klacks saure Sahne auf jedem Teller servieren.

Russische Kohlsuppe (Kesselgulasch)

350 g	magere Rinderbrust
3 TL	Rinderbrühe
1	Zwiebel
500 g	Weißkohl
1 Bund	Suppengrün
350 g	Kartoffeln
1 EL	Butter
1	Knoblauchzehe
	Kräuter (z.B. Petersilie)
	Salz & Pfeffer (frisch gemahlen)

1. Rinderbrust bei schwacher Hitze in 2 Liter Wasser aufkochen. Den entstandenen Schaum abschöpfen, Rinderbrühe hinzufügen und bei mittlerer Hitze 1 ½ Stunden ziehen lassen.
2. Zwiebeln schälen und in kleine Scheiben schneiden.
3. Weißkohl und Suppengrün putzen, waschen und in Streifen schneiden.
4. Kartoffeln schälen, waschen und in Würfel schneiden.
5. Butter erhitzen und Zwiebeln darin andünsten.
6. Weißkohl und Suppengrün hinzugeben und bei schwacher Hitze zudeckt ca. 15 Minuten garen.
7. Fleisch herausnehmen und in Würfel schneiden.
8. Rinderbrühe zum Gemüse gießen, Fleisch und Kartoffeln dazugeben.
9. Kräuter untermischen und zugedeckt ca. 20 Minuten garen.
10. Knoblauch schälen, auspressen und zugeben. Kohlsuppe mit Pfeffer und Salz abschmecken.

Weimarer Zwiebelsuppe

Zutaten für vier Personen

4	Zwiebeln
1	Stange Lauch
80 g	Butter
1 TL	Tomatenmark
1 l	Fleischbrühe
1/8 l	Bier
	Salz & Pfeffer (weiß)
½ TL	Majoran
½ TL	Zucker
100 g	geriebener Käse
2 EL	geschnittener Schnittlauch

1. Zwiebeln schälen und in Ringe schneiden.
2. Lauch putzen und in kleine Stücke schneiden.
3. Butter im Topf erhitzen und Zwiebeln sowie Lauch hinzufügen.
4. Bier und Brühe dazugeben.
5. Mit Gewürzen abschmecken und 15 Minuten bei mittlerer Hitze köcheln lassen.
6. Käse und Schnittlauch über die fertig servierten Suppenteller streuen.

Vollkorn- und Sauerteigbrot eignen sich gut als Beilage.

28   DDR Kochbuch – Rezepte mit Ostalgie   ostprodukte-versand.de

Grüner Bohneneintopf

300 g	grüne Bohnen
400 g	Kartoffeln
1	Zwiebel
75 g	durchwachsener Speck
2 EL	Butter
2 EL	Kräuter
	Salz & Pfeffer (weiß)

1. Bohnen waschen und in Stücke schneiden.
2. Kartoffeln schälen, waschen und würfeln.
3. Zwiebel schälen. Zusammen mit Speck in Würfel schneiden und in geschmolzener Butter andünsten.
4. Bohnen und Kartoffel zugeben und mitdünsten. ½ Liter Wasser sowie Kräuter hinzufügen und aufkochen.
5. Alles zugedeckt bei schwacher Hitze ca. 30 Minuten garen. Bohneneintopf nach Belieben mit Salz und frisch gemahlenem Pfeffer abschmecken.

Graupeneintopf

Zutaten für vier Personen

2	Zwiebeln
1 kg	gemischtes Gemüse (Karotten, Kartoffeln, Lauch, Wirsing)
4 EL	Butter
200 g	Perlgraupen
2 l	Gemüsebrühe
	Majoran
	Kümmel
	Salz & Pfeffer

1. Zwiebeln, Karotten und Kartoffeln schälen und würfeln.
2. Wirsing und Lauch waschen, putzen und in Streifen schneiden.
3. Butter in einen Topf geben und Zwiebeln mit Gemüse darin anbraten.
4. Graupen hinzugeben und mit der Gemüsebrühe aufgießen.
5. Mit Salz, Pfeffer, Majoran und Kümmel würzen.
6. Eintopf 25-30 Minuten gar kochen.

Erbsensuppe

1	kleine Stange Lauch
200 g	Kartoffeln
2 EL	Butter
1,5 l	Gemüsebrühe
600 g	grüne Erbsen
1 TL	Majoran, gehackt
50 g	Sahne
4	Frankfurter Würstchen
	Petersilie
	Salz & Pfeffer

1. Lauch putzen, waschen und in kleine Stücke schneiden. Butter erhitzen.
2. Kartoffeln schälen, waschen und würfeln. Mit Lauch zusammen in geschmolzener Butter andünsten
2. Gemüsebrühe hinzugeben und aufkochen. Erbsen und Majoran ebenfalls hinzufügen und bei schwacher Hitze ca. 10 Minuten kochen. Anschließend mit Stabmixer alles pürieren.
3. Sahne hinzugeben, mit Salz und Pfeffer würzen.
4. Würstchen in Scheiben schneiden und zufügen.
5. Suppe ca. 5 Minuten erhitzen, aber nicht zum Kochen bringen.
6. Zum Schluss mit Petersilienblättern dekorieren.

Drei-Zwiebel-Topf mit Bratwurstklößchen

300 g	Gemüsezwiebel
300 g	Schalotten
300 g	rote Zwiebeln
2	Knoblauchzehen
3 EL	Öl
1 kg	mehlig kochende Kartoffeln
250 g	feine Bratwurst
4 EL	Schlagsahne
1 Bund	Petersilie
1 1/4 l	Hühnerbrühe
	Salz & Pfeffer (weiß)

1. Zwiebeln und Knoblauch schälen. Die kleineren Zwiebeln ganz lassen, die anderen in Stücke schneiden. Knoblauch in kleine Würfel schneiden und zusammen mit Zwiebeln in heißem Öl hellbraun anbraten.
2. Kartoffeln schälen, waschen und würfeln.
3. Zwiebeln mit Hühnerbrühe ablöschen, Kartoffeln zugeben und ca. 10 Minuten garen.
4. Bratwurst aus dem Darm drücken, mit Sahne sowie Petersilie vermischen.
5. Von der Bratwurstmischung mit zwei Teelöffeln Klößchen abstechen, in den Eintopf geben und weitere 10 Minuten garen.
6. Mit Pfeffer und Salz abschmecken.

Altdeutsche Kartoffelsuppe

Zutaten für vier Personen

750 g	mehlig kochende Kartoffeln
2	Zwiebeln
2	Knoblauchzehen
3	Möhren
2	Stangen Lauch
3 EL	Butter
1 l	Fleischbrühe
1 Bund	Majoran
1 Bund	Petersilie
1 TL	Paprikapulver
4	Wiener Würstchen
1 Bund	Petersilie
	Salz & Pfeffer

1. Kartoffeln schälen, waschen und in Scheiben schneiden. In Schüssel mit kaltem Wasser legen.
2. Zwiebeln und Knoblauch schälen. Die Zwiebeln halbieren und in Scheiben schneiden, Knoblauch fein hacken.
3. Möhren putzen, schälen und waschen; in knapp 1 cm dicke Scheiben schneiden.
4. Vom Lauch die äußeren Blätter, die harten grünen Blattspitzen sowie Wurzelansatz abtrennen. Stangen gründlich waschen und in feine Ringe schneiden.
5. Butter in einen Topf zerlassen und Zwiebeln sowie Knoblauch darin leicht andünsten. Kartoffeln abtropfen lassen und zusammen mit dem zerkleinerten Gemüse dazugeben. Etwa 5 Minuten dünsten, dann Brühe hinzufügen.
6. Majoranblätter fein hacken und zu Kartoffelsuppe geben. Mit Salz, Pfeffer und Paprikapulver kräftig abschmecken.
7. Suppe zudecken und etwa 30 Minuten köcheln lassen, bis Gemüse weich ist. Nach 15 Minuten die Würste zugeben. Nochmals abschmecken.
8. Petersilienblätter fein hacken und kurz vor dem Servieren über die Suppe streuen.

Notizen

Fleisch
&
Geflügel

Würzfleisch

Zutaten für vier Personen

500 g	Schweinefleisch
2 Dosen	Champignons
1	Zwiebel
1	Lorbeerblatt
3 Körner	Piment
1 l	Gemüsebrühe
2 EL	Butter
4 EL	Mehl
100 ml	Weißwein, trocken
	1/2 Zitrone, Saft hiervon
	Worcestersauce
	Salz & Pfeffer
300 g	Gouda, gerieben
	Toastbrot

1. Fleisch in kleine Stücke schneiden und in großem Topf anbraten
2. Pilze und klein geschnittene Zwiebel hinzufügen und gar kochen lassen
3. Mit Brühe aufgießen, Piment und Lorbeerblatt hinzufügen. 20 Minuten köcheln lassen.
4. Brühe und Fleisch in ein anderes Gefäß geben.
5. In Topf Butter erhitzen, Mehl dazugeben, kurz durchrösten. Nach und nach mit Brühe unter Rühren wieder aufgießen, damit Sauce sämig wird.
6. Fleisch und Champignons wieder in Topf geben. Weißwein hinzufügen und mit Salz, Pfeffer, Zitronensaft und Worcestersauce abschmecken.
7. Würzfleisch in feuerfeste Förmchen geben und mit Gouda bestreuen. Das Ganze für 10 Minuten bei 150 Grad im Backofen backen.

Mit Worcestersauce, Zitronensaft und Toastbrot genießen.

Letscho

Zutaten für vier Personen

750 g	Tomaten
1 kg	grüne oder rote Paprika
2	Zwiebeln
50 g	Speck, geräuchert
80 g	Schweineschmalz
	Salz
	Paprika, edelsüß

1. Tomaten 1 Minute in heißes Wasser legen, die Haut abziehen und vierteln.
2. Paprika waschen, längs halbieren, entkernen und in Streifen schneiden.
3. Zwiebeln schälen und würfeln.
4. Speck in kleine Würfel schneiden und im eigenen Fett in Pfanne ein wenig bräunen.
5. Zwiebeln und Schweineschmalz dazugeben, mit Paprikapulver bestreuen, alles kurz weiter dünsten.
6. Tomatenviertel und Paprikastreifen in die Pfanne geben und so bissfest wie gewünscht dünsten.

Wenn es mal ganz schnell gehen soll,
hier schon fertig kaufen:

Gefüllte Paprikaschoten

8	Paprikaschoten
400 g	Hackfleisch
50 g	Butter
1	Knoblauchzehe
1	Zwiebel
1	Ei
100 g	Reis, gekocht
	Salz & Pfeffer

Sauce:

400 g	Tomaten
50 g	Butter oder Margarine
1 EL	Mehl
	Salz & Pfeffer

1. Paprikaschoten waschen, Stiele und Kerne sorgfältig entfernen. Zwiebeln schälen und in kleine Würfel schneiden. Tomaten kochen, passieren, salzen und pfeffern.
2. Zwiebeln mit Öl oder Butter in einer Pfanne anbraten, Hackfleisch dazugeben und ebenfalls kurz anbraten. Mit ausgepresster Knoblauchzehe, Salz und Pfeffer würzen.
3. Das Fleisch mit dem Ei und dem gekochten Reis zu einer Masse verrühren, dann in die Schoten füllen.
4. Butter in Pfanne zerlassen und Mehl dazugeben, so dass eine Schwitze entsteht. Im Anschluss mit passierten Tomaten verrühren.
5. Gefüllte Paprikaschoten in feuerfeste Form geben, Sauce hinzugeben und alles im vorgeheizten Backofen bei 200 Grad 20-25 Minuten backen.

Zu gefüllten Paprika passt gut körnig gekochter Butterreis oder Kartoffeln.

Paprikahähnchen

Zutaten für vier Personen

1	küchenfertiges Brathähnchen (ca. 1,2 kg)
4	Zwiebeln
1	Paprikaschote rot
1	Paprikaschote gelb
2	Tomaten
3 EL	Schweine- oder Butterschmalz
	Paprikapulver, edelsüß
2 EL	Tomatenmark
1	Lorbeerblatt
1 EL	Öl
200 g	Saure Sahne
1 TL	Mehl
	Majoran
	Salz & Pfeffer

1. Hähnchen waschen, trocken tupfen, in 6 Stücke zerlegen und mit Salz und Pfeffer würzen.
2. 3 Zwiebeln schälen und grob würfeln. Paprika putzen, waschen und in Würfel schneiden. Tomaten waschen, putzen und ebenfalls würfeln.
3. 2 EL Schmalz im Bräter erhitzen. Hähnchenteile darin rundherum kräftig anbraten, herausnehmen. 1 Esslöffel Schmalz ins Bratfett geben. Zwiebelwürfel darin bei mittlerer Hitze goldgelb anschwitzen. 1 Esslöffel Paprikapulver darüber streuen und unter Rühren kurz mit anschwitzen.
4. Tomatenmark, Lorbeer, Paprika- und Tomatenwürfel unterrühren. Mit 1/8 Liter Wasser ablöschen. Mit Salz und Pfeffer würzen.
5. Hähnchenteile wieder in Topf geben. Alles zugedeckt bei schwacher Hitze ca. 40 Minuten schmoren, dabei gelegentlich umrühren. Nach Hälfte der Garzeit erneut 1/8 Liter Wasser angießen.
6. 1 Zwiebel schälen und in feine Ringe schneiden. Öl in Pfanne erhitzen, Zwiebelringe darin braun braten. Fleisch aus Topf nehmen. Saure Sahne mit Mehl verrühren und in Paprikasauce rühren. Aufkochen und ca. 3 Minuten köcheln. Mit Salz und Pfeffer abschmecken.
7. Alles mit Zwiebelringen bestreuen und evtl. mit Majoran garnieren.

Hühnerfrikassee

1	Suppenhuhn
1 Bund	Suppengemüse
60 g	Butter
70 g	Mehl
1	Eigelb
100 ml	Sahne
1	Zwiebel
1	Lorbeerblatt
	Pfefferkörner
	Pimentkörner
	Salz
	Zitronensaft
	Zucker
	Kapern (nach Bedarf)

Hühnerbrühe:
1. Huhn waschen, zerteilen und in kaltem Wasser ansetzen.
2. Alles aufkochen lassen, Schaum entfernen.
3. Suppengemüse, Salz, gewürfelte Zwiebel, Lorbeerblatt, Piment und Pfefferkörner zugeben.
4. Nach ca. 1 Stunde Fleisch & Gemüse aus Brühe nehmen und Brühe durch Sieb geben.
5. Fleisch & Gemüse abkühlen lassen und zerkleinern.

Frikassee:
1. Butter zerlassen und Mehl zugeben.
2. Mehlschwitze mit heißer Brühe auffüllen, aufkochen, ca. 20 Minuten köcheln lassen.
3. Fleisch & Gemüse zugeben und mit Salz, Zucker und Zitronensaft abschmecken.
4. Eigelb mit Sahne verrühren und unter Sauce ziehen.
5. Nach Bedarf mit Kapern servieren.

Reis eignet sich gut als Beilage.

Szegediner Gulasch

Zutaten für vier Personen

600 g	Schweineschulter
300 g	Zwiebeln
60 g	Margarine
10 g	Rosenpaprika (Szegediner)
	Salz, Pfeffer, Kümmel
1	Knoblauchzehe
500 g	Sauerkraut
1/8 l	Saure Sahne
	etwas Mehl zum Binden

1. Zwiebeln und Fleisch in grobe Würfel schneiden und in Margarine mit Gewürzen (Paprika, Salz, Pfeffer, Kümmel, Knoblauch) anbraten.
2. Alles mit etwas Wasser ablöschen.
3. Masse mit etwas Mehl bestäuben und alles ca. 30 Minuten dünsten lassen, bis das Fleisch gar ist.
4. Sauerkraut zugeben und nochmals 30 Minuten dünsten.
5. Saure Sahne unterrühren und einige Minuten ziehen lassen.

Königsberger Klopse

Zutaten für vier Personen

1 kg	Rinderhackfleisch
2	Eier
2	Brötchen, altbacken
2	Zwiebeln
3 EL	Öl
	Salz & Pfeffer
100 g	Butter (für Mehlschwitze)
100 g	Mehl
3/4 l	Brühe
1/2 l	Milch
2 EL	Kapern
1/2 Tasse	Essig
	Zucker

1. Zwiebeln in kleine Würfel schneiden. Brötchen in lauwarmem Wasser einweichen und gut ausdrücken. Mit Eiern, Salz, Pfeffer und Öl zu Rinderhackfleisch geben und zu Teig kneten.
2. Aus Teig Kugeln formen. Die Klopse auf einem Teller beiseite legen.
3. Für die Mehlschwitze Butter oder Margarine in einem großen Topf schmelzen lassen und Mehl langsam dazugeben; unter ständigem Rühren leicht bräunen lassen. Nun Brühe unter ständigem Rühren nach und nach dazugeben. Anschließend Milch unter ständigem Rühren hinzufügen.
4. Sauce mit Essig und Zucker würzen. Bei Bedarf salzen und pfeffern. Zum Schluss Kapern mit eigener Flüssigkeit zur Sauce geben.
5. Sauce zum schwachen Köcheln bringen; Klopse hinzufügen und bei geschlossenem Topf auf kleinster Stufe ca. 45 Minuten kochen.

Dazu schmecken Kartoffeln.

Ochsenbrust
mit Bouillonkartoffeln und Meerrettichsauce

Zutaten für vier Personen

1 kg	Ochsenbrust
10	Kartoffeln
1 TL	Butter
	Pfefferkörner
	Pimentkörner
	Majoran
1	Lorbeerblatt
3	Möhren
1	Sellerieknolle
1	Zwiebel
	Petersilie
	Weißwein
	Brühe, gekörnt
1 Bund	Schnittlauch

Meerrettichsauce:

3 EL	Schalottenwürfelchen
1,5 EL	Mehl
1,5 EL	Butter
1 Schuss	Rotwein
50 g	Meerrettich, frisch gerieben
50 ml	Saure Sahne
	Salz & Pfeffer
	Zitronensaft

1. Ochsenbrust in Topf mit Butter kurz anbraten, mit Wein ablöschen und mit Wasser, gekörnter Brühe, Lorbeerblatt und Gewürzen auf kleiner Flamme zum Kochen bringen und 2 Stunden köcheln lassen. Gemüse in den letzten 30 Minuten dazugeben.
2. Kartoffeln schälen, in Salzwasser kurz aufkochen lassen, Wasser abschütten und durch Bouillon ersetzen. Kartoffeln knapp 20 Minuten kochen, anschließend Pfeffer und Majoran darüber streuen.

3. Ochsenbrust aus Brühe nehmen, in Scheiben schneiden und warmstellen.
4. Butter in kleiner Kasserolle erhitzen, Schalottenwürfelchen anschwitzen, Mehl hinzufügen. Mit Wein ablöschen und mit Schneebesen glattrühren. Nach und nach mit Kochbrühe aufgießen, kurz aufkochen lassen. Zum Schluss Meerrettich und Sahne einrühren. Mit Salz, Pfeffer und Zitronensaft abschmecken.
5. Ochsenbrustscheiben auf Platte anrichten, mit Schnittlauchröllchen bestreuen. Meerrettichsauce in Sauciere geben. Bouillonkartoffeln in Schüssel füllen und mit kleingehackter Petersilie bestreuen.

Hirschragout

Zutaten für vier Personen

800 g	Hirschgulasch
	Suppengrün
150 g	Speck
100 g	Saftschinken
1/8 l	Rotwein
1/8 l	Brühe
50 g	Saure Sahne

Für die Beize (Marinade):

100 g	Zwiebelwürfel
1	Lorbeerblatt
	Sellerieblätter
	Thymian
	Wacholderbeeren
	Nelken
	Salz & Pfeffer
	Zucker
	Essigbeize

1. Hirschgulasch und kleingeschnittene Zwiebeln sowie Gewürze bereits am Vortag in einen Topf geben und mit Essigbeize begießen.
2. Suppengrün putzen, waschen und zerkleinern.
3. Speck würfeln und anbraten.
4. Hirschfleisch aus Topf nehmen und gut abtropfen lassen, mit ausgelassenem Speck anbraten, mit Rotwein ablöschen, Brühe und Essigbeize dazugeben.
5. Suppengrün in Butter andünsten und Hirschfleisch dazugeben.
6. Saftschinken, in Streifen geschnitten, in einer Pfanne mit heißem Fett anbraten.
7. Hirschfond mit Brühe ablöschen und einkochen.
8. Fond mit saurer Sahne, Salz und Pfeffer abschmecken.
9. Schinkenstreifen vor Servieren über Hirschragout geben.

Als Beilage eignen sich Salzkartoffeln, als Gemüsebeilage Rotkohl.

Piroggen mit Hackfleisch

Zutaten für vier Personen

400 g	Mehl
	Salz & Pfeffer
600 g	Hackfleisch, gemischt
1	Ei
2	Zwiebeln
3	Scheiben Speck
	frische Petersilie
3 El	Öl
200 g	Saure Sahne

1. Zwiebeln schälen, in kleine Würfel schneiden und Großteil in Pfanne mit Öl andünsten.
2. Fleisch hinzufügen und anbraten. Mit Ei, Salz und Pfeffer vermischen.
3. Aus Mehl, einer Prise Salz und warmem Wasser den Teig kneten. Teig auf bemehlter Arbeitsfläche ausrollen und mit umgedrehten Glas Kreise herausstechen. In die Mitte der Kreise je einen gestrichenen Esslöffel Fleischfüllung legen, die Kreise zusammenklappen und Piroggen formen.
4. In leicht gesalzenem siedendem Wasser kochen. Wenn die Piroggen an der Wasseroberfläche auftauchen mit einer Schöpfkelle herausnehmen.
5. Speckscheiben in kleine Streifen schneiden und mit restlichen Zwiebelwürfeln in Pfanne anbraten. Zusammen mit Petersilie und dickem Klecks saurer Sahne vor Servieren über Piroggen geben.

Leipziger Allerlei

Zutaten für vier Personen

250 g	grüne Bohnen
250 g	Erbsen
250 g	Karotten
250 g	Spargel
1	junger Blumenkohl
250 g	Morcheln
½ TL	Zucker
75 g	Butter
30 g	Mehl
3 EL	Schlagsahne
1 Dose	Krebsfleisch
	Salz & Pfeffer
	Muskat

1. Gemüse putzen, waschen, mundgerecht zuschneiden und jedes für sich in einem Topf mit wenig Wasser, abgeschmeckt mit Salz, Pfeffer und Muskat sowie einer kleinen Prise Zucker garen. Blumenkohl im Ganzen nur in Salzwasser kochen. Gemüse dann jeweils aus dem Topf nehmen und warm stellen. Brühen zusammengießen und aufbewahren.
2. 50 g Butter in Topf zerlassen und mit Mehl anschwitzen. Ca.1/2 l Gemüsebrühe dazugeben, zu Sauce verrühren und aufkochen.
3. Sahne und 25 g Butter unterrühren, mit Salz, Muskat und Pfeffer abschmecken.
4. Blumenkohl in die Mitte einer tiefen Servierplatte legen, weiteres Gemüse attraktiv darum ordnen. Mit Krebsfleisch dekorieren, Sauce darüber gießen.

Leipziger Allerlei wird mit Butterkartoffeln serviert.

Falscher Hase

Zutaten für vier Personen

250 g	Rindfleisch
250 g	Schweinefleisch
100 g	Speck
2	Zwiebeln
1	Brötchen, altbacken
1	Ei
	Salz & Pfeffer
1 Tasse	Saure Sahne
1 EL	Mehl

1. Brötchen in Wasser einweichen und ausdrücken, mit durchgedrehtem Fleisch, kleingewürfeltem Speck, Ei und Gewürzen vermengen und zu einem glatten Teig kneten.
2. Teig wie längliches Brot formen, mit 1/4 l Wasser in die vorgeheizte Röhre geben.
3. Bei mittlerer Hitze etwa 30 Minuten garen, dabei mehrmals begießen. Das Fleisch herausnehmen, Bratenfond mit etwas Wasser aufkochen und Sahne dazugeben, mit Salz, Pfeffer und Zitronensaft abschmecken.
4. Bei Bedarf Sauce mit 30 g Mehlschwitze andicken.
5. Fleisch in Scheiben schneiden, mit Sahnesauce übergießen und mit Salzkartoffeln und Mischgemüse anrichten.

DDR Kochbuch – Rezepte mit Ostalgie **65**

Hoppel Poppel

800 g	Kartoffeln
100 g	Speck, durchwachsen
350 g	Schnitzelfleisch
125 g	Butter
2	Zwiebeln
½ TL	Majoran
½ TL	Kümmel
8	Eier
1 Bund	Schnittlauch
	Salz & Pfeffer

1. Gekochte Kartoffeln pellen, in Scheiben schneiden. Speck würfeln, Fleisch in Scheiben schneiden.
2. Kartoffeln in großer Pfanne kross zu Bratkartoffeln braten, mit Salz und Pfeffer abschmecken.
3. In zweiter, großer Pfanne Speck mit Fleisch anbraten, mit Kümmel, Majoran und Pfeffer würzen, leicht salzen.
4. Fleisch und Bratkartoffeln aus beiden Pfannen gut miteinander vermengen, zu Ende braten. Die mit Gabel verquirlten Eier darüber geben, alles gut vermengen und Eier zum Stocken bringen.
5. Hoppel Poppel auf Tellern servieren und mit Gewürzgurken und Tomaten garnieren. Grüner oder gemischter Salat passt gut dazu.

Notizen

Fisch-
gerichte

Altberliner Schusterpastete

400 g	Suppenfleisch
800 g	Kartoffeln
100 g	durchwachsener Speck
1	Zwiebel
2	Matjesfilets
1 Bund	Petersilie
1/4 l	Milch
3	Eier
3 EL	geriebener Käse
2 EL	Weißbrot, gerieben
100 g	Butter

1. Suppenfleisch weichkochen und in kleine Stücke schneiden.
2. Kartoffeln kochen, pellen und in Scheiben schneiden. Matjesfilets in Stücke schneiden.
3. Speck würfeln, Zwiebeln schälen und in Streifen schneiden. Zusammen in Butter anschwitzen.
4. Abwechselnd Kartoffelscheiben, Speck, Suppenfleisch, Zwiebeln, in Stücke geschnittene Matjesfilets und gehackte Petersilie in ausgebutterter Auflaufform übereinander schichten.
5. Milch und Eier miteinander verrühren, pfeffern und über die Kartoffeln gießen. Alles mit Käse und Weißbrot bestreuen und zum Schluss Butterflöckchen darauf geben.
6. Auflauf im vorgeheizten Backofen bei 200 Grad 40 Minuten backen. Die letzten 5 Minuten auf Oberhitze schalten.

Schleizer Karpfen

Für den Sud:

1	Karpfen, küchenfertig
1	Zwiebel
	Suppengemüse
2 l	Wasser
1/4 l	Essig
2 EL	Salz
2 EL	Zucker
1	Lorbeerblatt
5	Pfefferkörner

Für den Karpfen:

4 EL	Essig

Für die Sauce:

2 EL	Butter
350 g	Stachelbeeren
2	Äpfel
4 El	Meerrettich
	Petersilie und Zitronenscheiben zum Garnieren

1. Zwiebel schälen und vierteln, Suppengemüse putzen, waschen und zerkleinern.
2. Für den Sud alle Zutaten im Essigwasser aufsetzen und bei reduzierter Hitze 30 Minuten kochen. Dann den Sud abseihen und die Zutaten herausnehmen.
3. Karpfen waschen, mit erhitztem Essig übergießen, in den kalten Sud legen, erhitzen und dann den Karpfen etwa 25 Minuten knapp unter Siedepunkt gar ziehen lassen.
4. Karpfen aus dem Topf nehmen, mit Butter bestreichen und warmstellen.
5. Stachelbeeren für Sauce putzen, waschen, abtropfen lassen und durch Sieb streichen. Äpfel schälen, Kerngehäuse entfernen und Fruchtfleisch

raspeln.
6. Stachelbeermus und Apfelraspel mit Meerrettich verrühren. Sauce salzen und pfeffern.
7. Karpfen auf vorgewärmter Platte anrichten und mit Petersilie und Zitronenscheiben garnieren. Sauce separat reichen.

Butterkartoffeln sind gut als Beilage geeignet.

Pannfisch mit Senfsauce

Zutaten für vier Personen

1 kg	Kartoffeln, festkochend
2	Salatgurken
	Salz
½ Bund	Dill
5 EL	Zitronensaft
1 EL	Zucker
1	Zwiebel
30 g	Butter
65 g	Mehl
300 ml	klare Brühe
150 ml	Schlagsahne
1,5 EL	Senf
	Pfeffer
600 g	Kabeljaufilet
75 g	geräucherter, durchwachsener Speck
6 EL	Öl

1. Kartoffeln waschen, ca. 20 Minuten kochen.
2. Gurken waschen, schälen und in dünne Scheiben hobeln. Mit 1/2 TL Salz mischen und beiseitestellen. Dill waschen, trocknen und fein schneiden.
3. 4 EL Zitronensaft, Dill und ca. 1 EL Zucker verrühren. Kartoffeln abgießen, schälen und abkühlen lassen.
4. Zwiebel schälen und fein würfeln. Fett in einem Topf erhitzen, die Hälfte der Zwiebel darin andünsten. 25 g Mehl zufügen, kurz anschwitzen. Brühe und Sahne unter Rühren angießen, aufkochen; bei schwacher Hitze ca. 5 Minuten köcheln lassen. Senf in Sauce rühren und mit Salz, Pfeffer, 1 EL Zitronensaft und Zucker abschmecken.
5. Fischfilet waschen, trocken tupfen und in ca. 12 Stücke schneiden und salzen. 40 g Mehl in Schüssel geben, Fischstücke darin schwenken, herausnehmen. Gurken abtropfen lassen und mit Zitronen-Dill-Marinade mischen.

6. Speck fein würfeln. Kartoffeln in Scheiben schneiden. 1 EL Öl in großer
   Pfanne erhitzen, Speck anbraten und herausnehmen. 2 EL Öl in
   heiße Pfanne geben, Kartoffeln darin 8–10 Minuten braten. In den letzten
   3 Minuten restliche Zwiebelwürfel zufügen und mitbraten. Mit Salz und
   Pfeffer würzen, Speck unterheben.
7. Ca. 3 EL Öl in zweiter Pfanne erhitzen, Fischstücke 3–4 Minuten braten
   und auf die Bratkartoffeln schichten. Senfsauce erhitzen und übergießen.

Dazu Gurkensalat reichen.

Notizen

Notizen

Vegetarische
Gerichte

Eier in Senfsauce

8	Eier
2	Zwiebeln
5 EL	Butter
3 EL	Mehl
1/4 l	Gemüsebrühe
200 g	Sahne
2 EL	kräftigen Senf
	Salz & Pfeffer
2 EL	gehackte Petersilie

1. Eier hart kochen und abschrecken.
2. Zwiebeln schälen und fein hacken.
3. Butter in einem Topf zerlassen, Zwiebeln darin hell anbraten. Mehl unterrühren und anschwitzen. Sahne und Brühe nach und nach dazu gießen und vermengen. Alles aufkochen lassen und unter Rühren zu Sauce andicken.
4. Senf in Sauce einarbeiten, mit Salz und Pfeffer abschmecken.
5. Eier schälen und halbieren, zur Sauce geben und einige Minuten ziehen lassen.
6. Eier in Senfsauce mit Petersilie bestreuen und mit Salzkartoffeln servieren.

Hier Zutaten kaufen:

Buchweizenkascha mit Champignons

200 g	Buchweizen
1	Ei
1 TL	Salz
4 EL	Butter
2	Zwiebeln
300 g	Champignons
1 Bund	Dill
	Pfeffer, frisch gemahlen

1. Buchweizen mit Ei gut vermischen. Masse bei schwacher bis mittlerer Hitze unter Rühren erwärmen, bis der Buchweizen leicht gebräunt sind.
2. Salz, 2 EL Butter und ½ Liter Wasser zugegeben, auf kleinster Stufe 20 Minuten köcheln lassen, bis die Brühe aufgesogen ist.
3. Champignons putzen und klein schneiden. Zwiebeln schälen und in feine Würfel schneiden. Restliche Butter erhitzen. Zwiebeln zugeben und ca. 4 Minuten weich dünsten. Pilze zufügen und bei starker Hitze garen, bis sämtliche Flüssigkeit verdampft ist.
4. Dill waschen, trocken schütteln und hacken. Champignons, Zwiebeln und Dill unter die Kascha mischen. Mit Salz und frisch gemahlenem Pfeffer abschmecken.

Schmorgurken

3	Salatgurken
2 EL	Butter
1 EL	Mehl
1/8 l	Milch
	Salz & Pfeffer (frisch gemahlen)
	Zucker
	Zitronensaft
	Dillspitzen

1. Gurken schälen, längs halbieren, entkernen und in fingerdicke Scheiben schneiden.
2. Butter schmelzen lassen, Mehl einrühren, anschwitzen.
3. Milch mit dem Schneebesen einrühren, aufkochen lassen.
4. Gurkenstücke zugeben, bei schwacher Hitze unter gelegentlichem Rühren ca. 15 Minuten garen lassen.
5. Mit Salz, Pfeffer, Zucker und Zitronensaft abschmecken.
6. Mit Dillspitzen garniert servieren.

Thüringer Klöße

3 kg	Kartoffeln
1/2 l	Milch
50 g	Grieß
4	Brötchen
30 g	Butter

1. Kartoffeln schälen und in kaltes Wasser reiben. Masse anschließend in Tuch füllen, fest auspressen – bis sie fast mehlig ist.
2. Kartoffelmasse dann in einer Schüssel zerkrümeln.
3. Milch und Grieß vermengen und zu dünnem Brei kochen, dann über Kartoffelmasse geben, salzen.
4. Kartoffelmasse durcharbeiten, schlagen, kneten. Mit nassen Händen runde Klöße formen.
5. Brötchen in Brocken schneiden und in Butter goldgelb rösten.
6. Mit zwei Fingern Löcher in Klöße drücken und Brötchenbrocken hineingeben. Kartoffelteig darüber sorgfältig zusammendrücken.
7. Kartoffelklöße vorsichtig in einen großen Topf mit kochendem Salzwasser gleiten lassen. Nur kurz aufkochen, damit die Klöße nicht auseinanderfallen. Klöße im Wasser auf kleiner Flamme ca. 15 Minuten ziehen lassen.
8. Klöße mit Schaumkelle aus sprudelndem Wasser nehmen und in eine Schüssel geben.

Hervorragende Beilage zu jeder Art von Fleischgericht.

Hefekartoffeln

Zutaten für vier Personen

1 kg	Kartoffeln
4	Zwiebeln
70 g	Margarine
1 EL	Mehl
1/4 l	Gemüsebrühe
1 Würfel	Hefe
1 Bund	Schnittlauch
	Salz & Pfeffer (frisch gemahlen)

1. Kartoffeln in Schale kochen (ca. 20 Minuten), Zwiebeln schälen und in kleine Würfel schneiden.
2. 50 g Margarine in Topf schmelzen lassen. Zwiebelwürfel zugeben, glasig anschwitzen lassen, mit 1 EL Mehl binden.
3. Mit Gemüsebrühe ablöschen, mit Schneebesen durch quirlen, Schnittlauch untermengen.
4. Hefe zerbröckeln, dazugeben, verrühren. Aufkochen lassen.
5. Kartoffeln pellen, in Scheiben schneiden, abwechselnd mit Sauce in eine gefettete Auflaufform geben.
6. Mit restlichen Margarine-Stückchen bedecken.
7. Ca. 20 Minuten – bis die Oberfläche sichtbar bräunlich wird – bei 180–200 Grad im Backofen backen.

Piroggen mit Kartoffel-Quark-Füllung

Zutaten für vier Personen

350 g	Mehl
500 g	Kartoffeln
250 g	Quark
1	Zwiebel
1 EL	Öl
150 ml	Wasser
	Salz & Pfeffer

1. Aus Mehl, Wasser, Salz und Öl einen festen aber dehnbaren Teig herstellen.
2. Kartoffeln schälen und weichkochen. Zwiebel schälen, in kleine Würfel schneiden, in etwas Öl anbraten, bis sie braun sind. Dann in eine Schüssel geben.
3. Kartoffeln abgießen, zu Zwiebeln geben und zerquetschen. Quark zufügen und gut miteinander verrühren. Mit Salz, Pfeffer und Kräutern abschmecken.
4. Teig ganz dünn ausrollen, Kreise ausstechen. Teigränder etwas befeuchten, in die Mitte etwas von der Füllung geben und gut mit den Fingern zusammendrücken. Danach mit einer Gabel den Rand „verzieren". Piroggen auf eine bemehlte Platte legen.
5. Piroggen wie Ravioli zubereiten: In einem Topf heißes Salzwasser zum Kochen bringen, Piroggen portionsweise hineingeben, leicht köcheln lassen, bis sie an der Oberfläche schwimmen. Abschöpfen und abtropfen lassen.

Die Piroggen können nach dem Kochen auch noch kurz in etwas Butter angeschwitzt werden.

Notizen

Desserts

&

Gebäck

Kalter Hund

~~~~~~

2	Eier
125 g	Zucker
40 g	Kakao
1	Päckchen Vanillezucker
300 g	Kokosfett
2	Packungen Kekse

1. Backform (am besten Kastenform) mit Backpapier auskleiden.
2. Eier zusammen mit Zucker in Rührschüssel schaumig schlagen.
3. Vanillezucker und Kakao unterrühren.
4. Kokosfett unterheben.
5. Kekse aus Packung nehmen und abwechselnd mit Schokoladenmasse in eine Backform schichten (beginnend und endend mit Keksen).
6. Backform in Kühlschrank mindestens 2 Stunden ruhen lassen.
7. Wenn die Schokolade fest ist, den Kuchen stürzen und leicht gekühlt genießen.

Wenn es mal ganz schnell gehen soll,
hier schon fertig kaufen:

Baumkuchen

6	Eier
1	Prise Salz
120 g	Zucker
150 g	Marzipan
1	Päckchen Vanillezucker
100 g	Puderzucker
100 g	Mehl
200 g	Butter
100 g	Konfitüre (Aprikose)
200 g	Kuvertüre (Zartbitter)
1 EL	Kokosfett

1. Runde Backform mit Backpapier auskleiden und im Backofen auf 250 Grad vorheizen.
2. Eiweiß vom Eigelb trennen und Eigelb zu Seite stellen. Eiweiß und Salz steif schlagen, Zucker langsam hinzufügen.
3. Marzipan in kleine Würfel schneiden. Puder und Vanillezucker mischen und mit Butter und Marzipan cremig rühren. Eigelb unterrühren. Mehl hineinsieben und gemeinsam mit dem Eischnee unterheben.
4. 3 EL Teig in die Backform geben und für 4 Minuten backen. Aus dem Backofen holen und gleiches wiederholen. Solange wiederholen, bis der Teig aufgebraucht ist (10 bis 12 Schichten).
5. Abkühlen lassen, den Kuchen auf ein Gitter stürzen und das Backpapier lösen.
6. Konfitüre leicht erhitzen und auf jeder Seite des Kuchens verteilen. Kuvertüre zerkleinern und gemeinsam mit dem Kokosfett erwärmen, bis sich beides verflüssigt. Kuchen mit dieser Masse einstreichen und kühl stellen.

Thüringer Mohnkuchen

Für den Boden:

       1 Ei
    70 g Zucker
   150 g Mehl
    70 g Margarine
       1 Päckchen Backpulver

Für die Dekoration:

       2 Eier
          etwas Zucker
       1 Becher Schmand

Für die Füllung:

    3/4 l Milch
   100 g Rosinen
   250 g Mohn
   150 g Zucker
   125 g Grieß
   150 g Margarine
       1 Becher Schmand
          etwas Öl

1. Backofen auf 200 Grad vorheizen.
2. Alle Zutaten für den Boden mischen und gut durchkneten. Backpapier
   auslegen und den Teig auf dem Backofenblech ausrollen.
3. Rosinen in etwas Milch einweichen (ca. 10 Minuten). Grieß, Mohn, Milch
   und Zucker gemeinsam aufkochen.
4. Schmand, eingeweichte Rosinen, Öl und Margarine unterrühren und auf
   dem Teigboden verstreichen.
5. Eier trennen. Eiweiß steif schlagen, beiseitestellen. Eigelb, Schmand und
   Zucker verrühren und Eiweiß langsam unterheben.
6. Masse anschließend auf den Kuchen geben und ca. 25 Minuten im
   Backofen backen.

Quarkkeulchen

1 kg	Kartoffeln
100 g	Mehl
60 g	Zucker
	etwas Salz
500 g	Quark
1	Ei
	etwas Öl
	Zucker und Zimt nach Belieben

1. Kartoffeln schälen und weichkochen. Stampfen und auskühlen lassen.
2. Restliche Zutaten vermischen und mit kalter Kartoffelmasse gut vermengen.
3. Quarkkeulchen formen.
4. Öl in Pfanne erhitzen und Quarkkeulchen darin rundherum anbraten.
5. Mit Zucker und Zimt bestreuen, warm servieren.

Wenn es mal ganz schnell gehen soll,
hier schon fertig kaufen:

Apfelringe in Zimt

            4 Äpfel
        45 g Zucker
            2 Eigelbe
      200 g Mehl
        1/4 l Milch
              etwas Salz
              etwas Butterschmalz
              Zucker und Zimt nach Belieben

1. Äpfel schälen, in ca. 1 cm dicke Scheiben schneiden, mit Zucker bestreuen und ruhen lassen. Eier trennen.
2. Eigelb, Mehl, Milch und Salz verrühren. Eiweiß steif schlagen und unter Eigelbmasse heben.
3. Butterschmalz in eine Pfanne erhitzen. Apfelring in den Teig tauchen, bis er völlig bedeckt ist, dann in der Pfanne braten. Wiederholen bis alle Apfelringe knusprig braun sind.
4. Mit einem Küchentuch das überschüssige Fett abtupfen.
5. Mit Zimt und Zucker bestreuen, warm servieren.

Beerengrütze

500 g	rote (gemischte) Beeren
60 g	Zucker
1/4 l	roter Traubensaft
2 EL	Speisestärke
	Sahne, nach Belieben

1. Beeren mit Traubensaft aufkochen.
2. Zucker hinzufügen, 10 Minuten köcheln lassen (regelmäßig umrühren).
3. Speisestärke in einer halben Tasse Wasser auflösen; zur Beerenmasse hinzugeben.
4. Nochmal aufkochen lassen, anschließend in Dessert-Schälchen abkühlen lassen.
5. Kühl stellen und mit Sahne servieren.

Wenn es mal ganz schnell gehen soll,
hier schon fertig kaufen:

Quark-Apfel-Auflauf

3	Eier
15 g	Vanillezucker
100 g	Zucker
100 g	Butter
500 g	Äpfel
500 g	Magerquark
90 g	Grieß
	Zucker und Zimt, nach Belieben

1. Backofen auf 180 Grad vorheizen.
2. Eier, Vanillezucker, Zucker und Butter mischen; schaumig schlagen.
3. Äpfel schälen, in feine Scheiben schneiden; beiseitestellen.
4. Magerquark und Grieß vermengen, unter die Eimasse heben.
5. Hälfte der Masse in die Auflaufform gießen, mit Zimt und Zucker bestreuen.
6. Quarkmasse mit den Apfelscheiben bedecken.
7. Restliche Quarkmasse auf den Apfelscheiben verteilen, erneut mit Zimt und Zucker bestreuen.
8. Ca. 45 Minuten backen (je nach gewünschter Bräune).

Kartoffelpuffer mit Apfelmus

Für das Apfelmus:

4	Äpfel
10 EL	Apfelsaft
45 g	Zucker

Für die Kartoffelpuffer:

600 g	Kartoffeln
2	Eier
60 g	Mehl

1. Äpfel waschen und würfeln.
2. Apfelsaft und Zucker erhitzen. Apfelwürfel ca. 12 Minuten darin kochen, beiseitestellen.
3. Kartoffeln schälen und fein raspeln. Salzen, dann ruhen lassen.
4. Kartoffelraspeln gut ausdrücken. Eier und Mehl mit Kartoffelraspeln gut vermengen.
5. Kartoffelpuffer formen.
6. Öl in einer Pfanne erhitzen, Kartoffelpuffer von beiden Seiten braten.
7. Knusprige Kartoffelpuffer warm und mit Apfelmus servieren.

Blaubeer-Plinsen

50 g	Butter
60 g	Zucker
1/2	Zitronenschale
2	Eier
	etwas Salz
150 g	Mehl
750 g	Magerquark
200 g	Blaubeeren
250 g	Vanilleeis
	etwas Butterschmalz

1. Butter, 30 g Zucker, Zitronenschale, Eier und Salz vermengen.
2. Mehl und 500 g Magerquark langsam unterheben, ruhen lassen.
3. Blaubeeren pürieren und mit restlichem Zucker bzw. Magerquark verrühren.
4. Butterschmalz in einer Pfanne erhitzen und einen Löffel Teig hineingeben. Pro Seite ca. 3 Minuten ausbacken. Wiederholen bis der Teig aufgebraucht ist.
5. Fertige Plinsen warm und mit Blaubeeren servieren.

Dresdner Christstollen

70 ml	Rum
500 g	Rosinen
200 g	Orangeat
100 g	Zitronat
150 g	Mandeln
1 kg	Mehl
2 Würfel	Hefe
175 g	Zucker
1/4 l	Milch
2	Eigelbe
	etwas Salz
500 g	Butter

1. Rum, 100 ml Wasser, Rosinen, Orangeat, Zitronat und Mandeln mischen, ruhen lassen (Ideal: schon am Vortag).
2. Loch in die Hälfte des Mehls drücken und Hefe in das Loch bröseln.
3. Hälfte der Milch erwärmen und lauwarm über Mehl und Hefe gießen.
4. Zucker darüber streuen und gut durchkneten.
5. Hefeteig zudecken, ca. 30 Minuten gehen lassen. Backofen auf 200 Grad vorheizen.
6. Restliches Mehl, Milch, Eigelbe sowie Salz hinzufügen und kneten. 400 g der weichen Butter langsam unterheben.
7. Flüssigkeit der Rum-Fruchtmischung abgießen, Früchte zum Teig hinzugeben, 20 Minuten ruhen lassen. Teig auf dem Backblech ausrollen, die lange Seite bis zur Mitte einschlagen. Andere Seite bis zur Mitte einrollen.
8. Stollen ca. 45-60 Minuten backen, anschließend mit restlicher Butter einpinseln. Mit Puderzucker bestreuen und servieren.

Notizen

Ostprodukte-Versand – dein Onlineshop zum Verschenken von Ostpaketen zu jedem Anlass

Ostalgische individuelle Geschenkideen für Freunde, Kollegen und Familie. Verschiedene Geschenkboxen mit den beliebtesten Traditions- und Kultprodukten im Komplettset aus der ehemaligen DDR. Mit bekannten Marken wie Halloren, Wikana und Rotstern.

Biergeschenke

Ob Geburtstag, Jahrestag oder Weihnachten mit dieser originellen Geschenk-idee liegen Sie immer richtig. Hier können Bierliebhaber die verschiedensten Biersorten aus aller Welt trinken und genießen. Die Lieferung ist inkl. 6 Gruß-karten für jeden Anlass passend, außerdem Urkunden zum Personalisieren und Bierbewertungsbögen. Erhältlich als 9er- oder 24er-Set im dekorativen Geschenkkarton.

gratis
in jedem
Geschenkset

Bestellen unter: www.monatsgeschenke.de

Notizen

Karikaturen vom Foto

Eines der wirklich originellsten und persönlich erstellten Hochzeitsgeschenke ist die Karikatur vom Brautpaar. Liebevoll und detailgetreu vom Foto zeichnen Experten die Gesichter des Paares als lustige Karikatur nach. Sie erhalten ein hochwertiges, handgefertigtes Geschenk.

Das besondere ist zudem, dass die einmaligen Karikatur-Zeichnungen vielseitig verwendet werden können: Auf Einladungskarten anstelle eines Fotos, als lustiges Geschenk für den Polterabend als auch am Tag der Trauung oder für die Erstellung einer Hochzeitszeitung.

So geht's:

→ **Wählen Sie eine Vorlage aus unseren Beispielen aus**

→ **Senden Sie uns Ihre Fotos**

→ **Mailen Sie uns Ihre Wünsche zur Umsetzung**

→ **Leinwand/Poster auspacken und aufhängen**

Bestellen unter www.galleryy.net

Portrait vom Foto

Der Phantasie im Zusammenspiel mit den tollen, vielfältigen Popart-Farben sind hier keinerlei Grenzen gesetzt und das Ergebnis ist absolut einzigartig. In aufwendiger Handarbeit werden die originellen Popart-Kunstwerke von Ihren Fotos individuell von Künstlern erstellt.

So geht's:

→ **Wählen Sie eine Vorlage aus unseren Beispielen aus**

→ **Senden Sie uns Ihre Fotos**

→ **Mailen Sie uns Ihre Wünsche zur Umsetzung**

→ **Leinwand/Poster auspacken und aufhängen**

Bestellen unter www.galleryy.net

Textbotschaften auf Leinwand

Eine romantische Liebeserklärung für Ihren Schatz auf Leinwand gedruckt. Der Phantasie sind keine Grenzen gesetzt - ein strahlendes Lächeln des Beschenkten/der Beschenkten ist jedoch garantiert.

So geht's:
➜ **Wählen Sie ein Motiv aus**
➜ **Senden Sie uns Ihren Wunschtext**
➜ **Leinwand/Poster auspacken und aufhängen**

Ihr Wunschtext

Bestellen unter www.galleryy.net